CHANSONS
PATRIOTIQUES

PAR

HENRY FRIMAT

1878

EN VENTE

CHEZ L'AUTEUR, A SAINT-SAVINIEN

(CHARENTE-INFÉRIEURE)

ET CHEZ LES LIBRAIRES

CHANSONS

PATRIOTIQUES

PAR

HENRY FRIMAT

1878

EN VENTE

CHEZ L'AUTEUR, A SAINT-SAVINIEN

(CHARENTE-INFÉRIEURE)

ET CHEZ LES LIBRAIRES

CHANSONS PATRIOTIQUES

JADIS ET AUJOURD'HUI

Air d'*Aristipe*

Hommes des champs, flétris par la misère,
Qu'étiez-vous donc avant quatre-vingt neuf?
De vos sueurs vous arrosiez la terre;
A la charrue, attelés comme un bœuf;
Depuis des siècles vous dormiez un long somme,
Vous réveillant, vous vites la clarté;
Vous réclamiez alors le droit de l'homme,
Vous combattiez au cri de la liberté.

Fallait payer la gabelle et les dîmes,
A vos curés, aux moines du couvent,
Le bon seigneur pressurait vos décimes;
Pauvres parias, vous étiez sans argent.
Alors, vos femmes courbaient sous les quenouilles,
Et vous, la nuit, aux fossés des châteaux,
Avec une perche vous frappiez les grenouilles,
Pour assurer aux nobles le repos.

Oh! pour la chasse, des décrets arbitraires:
Oui, pour un lièvre, on voyait autrefois
L'homme condamné à mourir aux galères,
De nos bons rois c'était les douces lois;

Enfin le soir, dans sa cabane obscure,
Que trouvait-il pour flatter son espoir?
Un lit de paille, et pour sa nourriture,
De l'eau, de l'ail frotté sur du pain noir.

Pour recruter le service militaire,
Dans vos villages venaient des racoleurs,
Et votre fils, comme un vil mercenaire,
Tombait aux griffes de sergents recruteurs :
Le noble alors achetait un beau grade,
Chaque cadet obtenait un galon.
Pauvres soldats, pour la moindre algarade,
On vous faisait mourir sur le bâton.

Fêtes et dimanches vous alliez à la messe,
Fallait aussi suivre les processions ;
Quatre fois l'an, un billet de confesse,
Dévotement écouter les sermons :
Vos filles, la veille du mariage,
Devaient aller chez le noble ou prieur,
On leur devait le couchage, le jambage,
Et l'on disait, c'est le droit du Seigneur.

Mais aujourd'hui, grâce à la République,
Vous êtes maire, adjoint ou électeur,
Vous jouissez de votre droit civique,
Vous devenez député, sénateur,
Vous possédez de très grandes richesses,
Tout est à vous, les fermes et les donjons,
Vos filles sont mises comme des princesses,
Vous achetez des titres à vos garçons.

Qu'avez-vous fait de ce bonnet de laine,
Que votre père portait vieux et crasseux,
Sous les haillons succombant à la peine,
Oui voilà bien l'histoire de vos aïeux,
Vous reniez la République glorieuse,
A votre mère refusant votre amour,
Comme le chêne à la cime orgueilleuse,
Renie le gland qui lui donna le jour.

L'ENFER ET LE PARADIS

Air: *Halte-là*.

Le Pape étant en goguette,
Dit un soir après son dîner,
Tout le monde, je le regrette,
Parle de me détrôner ;
Ecoutez l'idée que j'ouvre,
Soyez tous de mon avis,
Un milliard à qui découvre,
Pour dompter les insoumis,
   Mes amis, mes amis,
   L'enfer et le paradis.

Le sublime purgatoire,
Il nous le faut ménager ;
C'est lui qui nous donne à boire,
Qui nous fait si bien manger,
Il faut chanter la grand' messe,
Les laudes, aussi les obits,
Abuser de la confesse,
Abrutir grands et petits,
   Mes amis, mes amis,
   Par l'enfer, le paradis.

L'école polytechnique,
Va choisir son plus malin,
Qui perfora la boutique,
Où grouille le genre humain ;
Et par la gueule béante,
Les diables sortiront rôtis,
Tout le monde dans l'épouvante,
Nous donnera l'or, les rubis,
   Mes amis, mes amis,
   Par l'enfer, le paradis.

On nous écrit que Nadar,
Va voyager dans les airs,
Avec son collègue Godard,
Ils vont fouiller l'univers,

Et s'ils rencontrent saint Pierre,
De Dieu le premier commis,
Avec sa clef tutélaire,
Nous ouvrirons des crédits,
   Mes amis, mes amis,
    Vive l'enfer, le paradis.

De retour de leur voyage,
Ces savants n'ont rien traité,
La science par ses ouvrages,
A perdu la papauté ;
Etudiant la planisphère,
Visitant tous les réduits,
Faisant le tour de Sphère,
On ne trouve que taudis,
   Mes amis, mes amis,
    Ni enfer, ni paradis.

Quoique je sois infaillible,
Je vois un triste avenir,
Si l'enfer n'est pas visible,
Dieu ! qu'allons-nous devenir ?
Le paradis nous fait faute,
Le purgatoire est en mépris ;
Il faudra prendre la hotte,
Chercher en d'autres pays,
   Mes amis, mes amis,
    Un enfer, un paradis.

LE VÉSUVE

RÉCITATIF.

De quel bruit souterrain, la plage ici résonne,
L'enfer est sous nos pieds, au ciel Jupiter tonne,
Le volcan fait pâlir les riverains tremblants,
Et les laves du sol ont déchiré les flancs.
Craintif gondolier quel est ton triste sort ?
Tu fuis loin de ces lieux pour éviter la mort.

BARCAROLLE.

Ce matin la nature,
A ton écueil enchanté,
Présentait la verdure,
Le calme de l'été ;
Si d'une fleur nouvelle.
Tu parais tes amours,
Mais la soirée cruelle
Menace tes beaux jours.

Nautonniers intrépides,
Prenez la rame en main ;
Sur vos barques rapides,
Frayez-vous un chemin,
Sous une heureuse étoile,
Hâtez-vous de partir !
Cherchez à pleine voile,
Un plus sûr avenir.

Mais l'affreuse tourmente,
Fuit, et l'azur des cieux,
Du soleil vous présente,
Le disque radieux,
Retournez au village,
Berceau de vos amours !
Amants, après l'orage
Renaissent les beaux jours.

LA CORDE AU COU

Air: *Laissez pisser le mouton.*

Cette beauté à la mise élégante,
Cherchant partout et le jour et le soir,
A tout passant elle se donne pour amante,
De la pudeur elle oublie le devoir,
Dévergondée, oh ! soyez moins féconde,
Car votre amour prend comme de l'amidon ;

Et vos amants s'en vont dans l'autre monde,
    Avec la corde au cou.   (*bis*).

Quand un vieillard auprès d'une fillette,
Fait le galant, et paraît amoureux,
La bouche, hélas! ne reste pas muette,
Il veut enfin qu'on couronne ses vœux;
La belle cède, mais alors quel martyre!
Toute sa vigueur se tourne en caoutchouc,
Et c'est en vain qu'il caresse, qu'il soupire,
    Il a la corde au cou.   (*bis*).

Femme cuivrée à la figure altière,
Regardez-la, son œil ne vaut rien,
Dans tous ces actes, cette affreuse mégère,
Ne fit que mal et jamais le bien,
Elle est cupide et toujours insolente,
Malgré cela, son mari fait coucou,
Elle mourra d'une bille turbulente,
    Avec la corde au cou.   (*bis*).

Thémis est vieille, et on dit qu'elle radote,
De grands coupables protègent les écarts
De son allure bénigne et dévote,
Donne l'absoute aux voleurs de milliards,
Elle protège toute la haute canaille,
Mais aux petits ne laisse pas un sou ;
Nous la verrons un jour de représaille
    Avec la corde au cou.   (*bis*).

Ce gros prélat qui prêche l'abstinence,
Ses bons jours gras ne finissent jamais,
Dans ses sermons dit avec assurance,
Faites comme je dis, et non comme je fais ;
Lorsqu'à son heure il quittera la terre,
Devant son maître, son courage sera mou,
On le verra la face dans la poussière,
    Avec la corde au cou.   (*bis*).

L'humanité va bientôt apparaître,
Et nous verrons disparaître les méchants,

Et nous, petits, nous pourrons nous repaître,
D'un peu de gloire, quelques amusements,
Gros matadors, généraux et ministres,
A votre tour, vous serez mis au clou,
On vous jugera en lisant vos registres,
Avec la corde au cou, avec la corde au cou.

MONSIEUR TERMITE

Air : *Bonjour, mon ami Vincent.*

Pour chanter la royauté,
Voyez donc Monsieur Termite,
Il déteste la liberté,
Croyez-moi, c'est un jésuite :
Au quinze de Juillet, fête de Saint Henri,
Il voudrait revoir le fils de Berri,
Et enfin, le pape et toute sa suite.
    Tous les saints du jour,
    Obtiennent son amour,
    Dites-moi si c'est ça.
    Regardez bien ça,
Et puis vous direz: le jésuite est là.

Son filleul, ce gros garçon,
Il ira au séminaire;
Mais son fils par son beau nom,
Entrera au ministère,
Par son influence, sera sous-préfet,
Et un peu plus tard deviendra préfet,
Et croyez-moi bien, sans aller en guerre,
    Son frère bien pensant,
    Sera commandant,
    Dites-moi si c'est ça, etc.

Madame fête un beau luron,
Lui, il court chez sa cousine,
Sensible à un beau menton,
Il presse la taille bien fine,

Vis-à-vis du monde il parle religion,
Il vente le couvent, la congrégation,
Il protége enfin les enfants de Chine,
   Et lui ses bâtards,
   Les jette aux hasards,
   Dites-moi si c'est ça, etc.

Il est administrateur,
Marguillier de la paroisse,
Sur le vernis de l'honneur,
Il parade avec audace ;
Il est à l'église richement paré,
Il reçoit l'encens de son bon curé,
Il est salué quand le suisse passe,
   Il porte le flambeau,
   Suivi du bedeau,
   Dites-moi si c'est ça, etc.

Pour monter à la grandeur,
Connaissez-vous son affaire,
Il s'est mis petit prêteur,
Il vendit croix et bréviaire,
A toute promesse il a fait crédit,
De tromper les fous, mettant son esprit,
Juifs ou protestants lui payant salaire,
   En homme sans cœur,
   Vendant son honneur,
   Dites-moi si c'est ça, etc.

Je déteste le dévot,
Mais je hais monsieur Termite ;
Sous l'aspect d'un cagot,
Il cache un cœur hypocrite,
Il professe tout, ne croyant en rien,
Et parlant sans cesse en homme de bien,
Toujours en voyage ou bien en visitte,
Dans chaque maison portant son poison.
Dites-moi si c'est ça, etc.

LE VIEUX JUPITER

Air: *Tout le long de la rivière.*

Tu levas ton triste étendard,
Ton aigle et ton morceau de lard ;
Les tripoteurs, les hommes de bourse,
En toi ont vu grande ressource,
En dépit des lois, ces trompeurs
T'ont mis au rang des empereurs.

Vieux Jupiter, ton sceptre était de verre,
Tu as tout brisé, même aussi ton tonnerre,
Tu as tout brisé, même ton tonnerre.

Au deux décembre qu'as tu fait ?
Tu as commis un grand forfait,
Tu as trompé la République,
Par une lâcheté inique,
Tu as tué femmes et enfants,
Et violé tous tes serments.
Vieux Jupiter, etc.

Tu étais sans argent, sans or,
Tu spolia notre trésor,
Pour enrichir tes créatures,
Tu créas de folles aventures,
Par ton mariage, à nos Rodins,
Donna la curée aux coquins,
Vieux Jupiter, etc.

Le tonnerre de tes aïeux,
N'était pas celui des vrais Dieux ;
Sans droits tu as pris la couronne,
En disant c'est Dieu qui la donne ;
Et pour venir usurpateur,
Tu fus parjure, aussi menteur,
Vieux Jupiter, etc.

Pauvre Jupiter en courroux,
Tu cherchas les lâches et les fous,

Suivant ta fausse politique,
Tu allas en Chine, au Mexique,
Solferino et Magenta,
Mais à Sedan on t'arrêta,
Vieux Jupiter, etc.

Te voilà mort, n'en disons rien,
Tu ne fus pas homme de bien;
Ton entourage était perfide,
Il ta conduit à ton suicide;
Tu laisses un petit louveteau,
Mais nous repoussons le cadeau,
Vieux Jupiter, etc.

Oui, ta Junon fait du scandale,
Encouragent la Saturnale,
Elle oublie qu'elle fut légère,
Qu'elle n'est pas de race princière,
Je lui souhaite, comme à son fils,
Une place dans le paradis.
Vieux Jupiter, etc.

LE SÉJOUR DES DIEUX

Air de *Preville et Taconnet.*

La vérité épura les croyances
Du musulman à l'égard du chrétien,
Si le coran promet des jouissances,
Oui, l'évangile nous assure le bien,
Tous ces pasteurs à la fausse tactique,
Font des victimes pour vivre plus heureux;
Que tout dévot s'en aille en Amérique,
Dans ce pays on adore tous les Dieux.

On y adore Jésus et cent mille vierges,
On y adore Mahomet et Calvin,
Un dieu Brahma, on brûle nombre de cierges,
Confucius et puis Luther enfin,

Moïse aussi vend son judaïque,
Et le Quaker y joue le ténébreux,
Que tout dévot s'en aille, etc.

Folie, calcul, enfin est-ce faiblesse,
Faut abrutir, hélas! le genre humain,
Il faut un Dieu ou bien une Déesse,
C'est une douche qui nous rend anodin,
Chaque desservant étale dans sa boutique,
Nouveaux fétiches toujours plus merveilleux.
Que tout dévot, etc.

D'un voile épais recouvrant la tanière,
De tous ces fourbis, de tous ces imposteurs,
La vérité conjoint à la lumière,
Et la sagesse aidant de ses faveurs,
A tout croyant sans temple ni basilique,
Au créateur adressera ses vœux,
Que tout dévot, etc.

Non, non, restons tous dans notre patrie,
Et par l'étude améliorons le sort,
Je vois alors la science, le génie,
La liberté va nous conduire au port,
En attendant qu'une jeune République,
Mette à l'index tous ces commerces honteux,
Les fanatiques iront en Amérique,
Mais la pensée, en France, aura ses Dieux.

LES PAROLES D'UN CROYANT

Air du *Sapin*. (Pierre Dupont).

Au doux printemps quand la saison est belle,
Que la rosée submerge toutes les fleurs,
Le frais jasmin, la tulipe nouvelle,
De leurs parfums exalent les faveurs.
Quand vient l'été la moisson nous arive,
Dans les greniers on entasse les grains,

Quand le rateau se courbe sur la rive,
Dans les celliers on encuve les vins.
 Terre jolie et de bonheur,
 C'est l'œuvre d'un divin créateur,
 C'est lui qui nous donna la vie,
 La sagesse et le génie,
 L'humanité, l'honneur.

Oui, dans les cieux la science légère,
Du créateur on cherche le chemin :
Mais il a dit à l'homme téméraire,
Retire-toi, ton trépas est certain.
Pauvre mineur qui glisse sur la pente,
Au fond du puits le grisou donne la mort :
Comme le marin par la vapeur brûlante,
S'en va mourir dans les glaciers du nord.
 Terre jolie, etc.

Repoussons toute cette triste lignée,
Des vérités éteignant le flambeau,
C'est le brouillard d'une sombre journée,
Qui ternit tout, même ce qui est beau ;
Mais l'artisan, le bon père de famille,
Aime sa femme, adore ses rejetons,
Qu'il prenne garde on séduira sa fille,
Le despotisme tuera ses garçons.
 Terre jolie, etc.

Du créateur reniant la puissance,
Et voilant tout, lumière et liberté,
Mauvais athés à la froide éloquence,
Déniant même la sainte vérité,
C'est un mystère ou un fétiche immonde,
Qu'on glorifie par trois mille gorgons.
Pour abrutir et diriger le monde,
Ont inventé plus de mille religions.
 Terre jolie, etc.

Êtres insensés qu'elle est votre folie ?
Toute la vie convoitez que trésor,
Le créateur en vous donnant la vie,
Vous jeta nus et vous n'aviez pas d'or ;

Par l'hérésie et perfide langage,
D'un vieux miracle que vous rendez nouveau,
Vous avez fait vos dieux à votre image,
Le créateur descend-il au tombeau.
    Terre jolie, etc.

Inclinons-nous, sa bonté fut immense,
Dans chaque être il créa un tribunal,
Pour notre juge, il nomma la conscience,
C'est-elle qui dit tu as fais bien ou mal,
L'hypocrisie votre gloire insensée,
Dans vos poussières avec la nuit du temps,
Le créateur fera clore la pensée,
Et chaque année renaîtra le printemps.
    Terre chérie, etc.

LES JÉSUITES

Air: *Tout le long de la rivière.*

Il vient d'arriver à Paris,
Des Jésuites de tous pays,
La France est la contrée bonasse,
Reçoit les fils de saint Ignace;
Nous connaissons ces importuns,
Qui ne règnent que par des rigueurs.
Mauvais jésuites, à genoux sur la place,
Devant le bon peuple, venez demander grâce,
Oui, devant le peuple, demandez grâce.

Comme Dominique l'inquisiteur,
De l'enfer prêchant la terreur,
La liberté leur fait ombrage,
Sèment dans l'ombre l'esclavage,
De rétablir l'auto-da-fé,
Où le penseur serait brûlé.
    Mauvais jésuites, etc.

Vous avez trop soufflé le feu,
Vous avez brûlé votre Dieu ;
Le nôtre est un Dieu tutélaire
Qui ne veut ni peine ni guerre,
Qui aime la sainte liberté
Où l'on proclame la vérité.
    Mauvais jésuites, etc.

De Satan vous avez le vice,
Lui aussi renie la justice ;
Vous prêchez toujours l'abstinence :
A tous repas vous faites bombance
Et vous savez la nuit le jour
Allumer un cierge à l'amour.
    Mauvais jésuites, etc.

Sous prétexte de nous diriger,
Vous portez le trouble au foyer ;
Vous nous permettez la luxure
Au prix de l'or qu'on nous pressure.
La faible femme dans son sein
Ce que chez elle elle a besoin.
    Mauvais jésuites, etc.

Vous adorez le Dieu d'argent ;
Chaque jésuite est un marchand ;
Il vend chapelets et bimbelotterie ;
Il fournit à la confrérie
Des livres, hélas ! qui font rougir,
Qui ne sont que pour abrutir.
    Mauvais jésuites, etc.

Jésuites, brisez mon écritoire,
Je ne crois pas au purgatoire ;
Je me ris de toutes vos promesses,
De vos indulgences, de vos messes.
Je m'éloigne du confessionnal,
Aux sots, je laisse l'épouvantail.
    Mauvais jésuites, etc.

Le peuple reverra toujours
Les chrétiens de nos premiers jours,

Sans décors et sans comédie,
Sont saints, sont saintes, par le génie,
Admirent Dieu dans sa grandeur,
Aux croyants donnant ses faveurs,
    Mauvais jésuites, etc.

AVANT VINGT ANS

Air du Songe d'une nuit d'été.

Avant vingt ans, la liberté féconde
Nous assurera un paisible avenir ;
Elle chassera bientôt de ce vieux monde
Faux préjugés, pour ne plus revenir ;
En ces temps-là, les peuples seront frères,
On détruira les trônes et les tyrans,
Nous n'aurons plus de ces terribles guerres,
Avant vingt ans, avant vingt ans.

Avant vingt ans liberté de croyance,
Chacun de nous choisira son autel,
Et nous pourrons en toute confiance,
Porter nos vœux tous jusqu'à l'Éternel.
Nous n'aurons plus ni prône ni confesse,
Alors les prêtres auront fini leur temps.
Chacun chez soi pourra dire sa messe,
    Avant vingt ans,   (*bis*).

Avant vingt ans, Thémis décrépie,
Rajeunira par l'esprit de nos lois ;
On remplacera cette balance impie,
Qui penche toujours du côté des rois ;
On remplacera tous les aréopages,
Ceux qui protègent les fourbes les méchants,
On élira des juges intègres et sages,
    Avant vingt ans.   (*bis*).

Avant vingt ans, voyant lever l'aurore
Où le soleil rayonne avec fierté ;

Non, ce n'est plus un simple météore
Qui disparaît devant l'iniquité,
Sachons que Dieu en nous donnant la vie,
Nous créa libres, nous sommes ses enfants.
Nous ne formerons qu'une seule patrie,
  Avant vingt ans. (*bis*).

Avant vingt ans tous les dieux de carnage
Se voileront devant la liberté.
L'humanité repousse l'esclavage,
On proclamera la sainte vérité,
Alors les peuples banniront les alarmes,
On élaguera partout les conquérants,
Dans les musées on déposera les armes,
  Avant vingt ans. (*bis*).

Avant vingt ans chaque gouvernant rapace,
Aura cessé de remplir son trésor,
Et nous pourrons le regarder en face,
Il nous laissera nos enfants et notre or ;
Oui, l'élection sera notre seul guide,
Nous choisirons tous nos représentants,
Et nous marcherons sur un terrain solide,
  Avant vingt ans. (*bis*).

LES FAUX BONSHOMMES

Air: *Le pape est marié.*

  Prêtres et jésuites
  Sont hyppocrites,
  Dévorant tout,
  Semant l'ivraie partout ;
  Par l'eau bénite
  Bout la marmitte
  Tous ces gourmands
  En déchirent à belles dents.

Jeûne et vigile, voilà la grande affaire,
Vite en morue baptisons ce gigot,

Mettons en broche ce coq de bruyère,
Et fricassons aussi la poule d'eau.
    Prêtres et jésuites, etc.

Voyez ce pape qui se dit infaillible,
D'un dieu humain il se fait un appui,
Comme Escobar il est incorrigible,
Et sa monnaie est fausse comme lui.
    Prêtres et jésuites, etc.

Prêtres et nonnettes vont en pélerinage,
Et avec eux vous voyez les cagots,
Plus d'une femme doit changer son corsage,
Neuf mois après les maris sont des sots.
    Prêtres et jésuites, etc.

Gais pélerins, allumez donc vos cierges ;
Du sacré-cœur vous êtes les amants ;
Vos pélerines saintes et vierges,
Et vous pourrez bénir les enfants.
    Prêtres et jésuites, etc.

Quand la mort visite la chaumière,
Qu'un père meurt laissant un orphelin,
Vous dépouillez et l'enfant et la mère,
Vous les quittez sur la paille et sans pain.
    Prêtres et jésuites, etc.

Continuez, grands faiseurs de miracles,
Abrutissez, trompez, trompez encor,
Car vos rapines ne trouvent point d'obstacles,
Avec de l'eau vous fabriquez de l'or.
    Prêtres et jésuites, etc.

Quoi! vous vendez une simple prière?
Tout pour l'argent; vous êtes des méchants :
Oh! si Jésus revenait sur la terre,
Il vous chasserait: vous êtes des marchands.
    Prêtres et jésuites, etc.

LES FAUX CONSERVATEURS

Air: *Près des rochers.*

En citoyens, la main sur la conscience,
Allons voter pour nos représentants,
Choisissons bien les amis de la France,
Et repoussons les fourbes, les intrigants,
Chassons, chassons ceux qui aiment la conquête,
Livrant trois fois la France aux ravageurs,
Ils nous ont fait trente milliards de dette,
Ne votons pas pour ces conservateurs.

Conservateurs de mil huit cent quatorze,
Par les cosaques conduits dans leurs châteaux,
Ils s'écriaient à bas l'ogre de Corse,
Tout est à nous, nous sommes des héros.
Lorsqu'un jésuite écrivait notre histoire,
De nos drapeaux profanant les couleurs,
Nos braves étaient des brigands de la Loire,
Ne votons pas pour ces conservateurs.

Noblesse croule, la bourgeoisie arrive
Un arc-en-ciel nous annonce Juillet,
Peuple vainqueur oubliant son qui vive,
Tombe à son tour frappé par le mousquet.
Les fils du roi contractant mariage,
Fallait doter de si riches seigneurs,
Doubler l'impôt, il faut un apanage,
Ne votons pas pour ces conservateurs.

César sanglant qui abreuve la rue,
De sang et de citoyens expirants;
Lançant ses sbires sur la foule éperdue,
Massacrant vieillards, femmes et enfants.
Mais à Sedan sa tyrannie expire,
Livrant son sceptre à nos envahisseurs,
Repoussons donc ces suppôts de l'empire;
Ne votons pas pour ces conservateurs.

Le jésuitisme devient alors l'arbitre,
Des sinécures, proconsuls, larrons,
En se vendant on obtenait un titre,
Des épaulettes et des décorations,
L'ordre moral tombait en décadence,
Nous avons vu crouler ces imposteurs
Peuple, debout, pour punir l'insolence,
Ne votons pas pour ces conservateurs.

Donnons nos votes aux amis de la France,
Cherchons la gloire à l'ombre de la paix ;
Semant partout la fortune, l'aisance,
Tous producteurs profitant des bienfaits.
De nos impôts corrigeant l'injustice,
Adoucissant le sort des travailleurs.
Aimant la loi comme la bonne justice,
Nous voterons pour ces conservateurs.

J'AI VU LE BON DIEU

Air : *Bonjour, mon ami Vincent.*

L'autre soir en me promenant,
Jugez quelle fut ma surprise,
Je vis dans un buisson ardent,
Le bon Dieu à barbe grise,
Il était vraiment très majestueux ;
Ses pieds sur la terre et sa tête aux cieux,
Et puis il se courbe, sa bouche me frise,
  Et sans embarras,
  Il me dit tout bas :
  Bonsoir, mon petit,
  Retiens bien ceci,
  Ait bon appétit,
  Et chasse le souci.

Ecoute, pour devenir vieux,
Il faut suivre cette tactique ;

      N'être pas trop amoureux,
        Eviter la politique;
Les rois, les empereurs, tout ça ne vaut rien.
Ceux qui de la foi se disent le soutien,
Il faut enrichir toute cette clique.
        Vous pauvres badeaux,
        Payez vos impôts,
        Bonsoir, mon petit, etc.

      Tu crois donc que le bonheur
      Règnera sur cette terre,
      Mon ami, c'est une erreur,
      Toujours naîtra la misère;
En tout temps le gros mangera le petit,
Chaque pièce d'or excite l'appétit,
Et n'importe à eux que croule la chaumière,
        Dès que leurs palais
        S'arrangent à grands frais,
        Bonsoir, mon petit, etc.

      L'on me met au rang des papas,
      N'écoute pas cette bêtise;
      Je te jure sur mon trépas,
      Je ne fis jamais cette sottise;
Je respecte trop la femme du prochain,
Je ne fus jamais ni père ni parrain,
Et tous ces farceurs font ça à leur guise,
        S'il font bien ou mal,
        Ça m'est bien égal,
        Bonsoir, mon petit, etc.

      Dieu, en me donnant la main,
      Me dit : bonsoir, mon brave,
      Suis toujours ton droit chemin,
      Ne deviens jamais esclave,
Oui, pense à ton Dieu, à ton créateur,
Envoie promener tous ces hommes sans cœur,
Qui à l'intelligence mettent une entrave,
        Et qui font des saints,
        Vierges et capucins,
        Bonsoir, mon petit, etc.

LE JÉSUITE PARTOUT

Air : *La bonne aventure, au gué.*

A l'église comme au palais,
Sur mer comme sur terre,
Le jésuite repousse la paix,
Excite à la guerre,
Mais il a bien soin surtout
De tenir le bon bout.
On voit le jésuite partout,
    On voit le jésuite.

On le voit au cabaret,
Même à la caserne ;
Le théâtre a son cachet ;
Partout il gouverne.
Quoiqu'inspirant le dégoût,
De feintes n'est jamais à bout.
On voit le jésuite partout,
    On voit le jésuite.

Sous les tables des préfets
Parfois il se niche,
Sous les bureaux des parquets,
Fait plus d'une niche ;
A Pékin comme à Saint-Cloud ;
C'est lui qui dirige tout.
On voit le jésuite partout,
    On voit le jésuite.

Il fréquente le lupanar,
Aussi la duchesse,
La poule arrive au renard,
Par la confesse.
La femme du marabout,
Il accepte tout avec goût.
On voit le jésuite partout,
    On voit le jésuite.

Il accapare le trésor,
De nos bonnes âmes,
La conscience brûle encore,
La retire des flammes,
Il promet un passe-partout,
Un paradis de bon goût.
On voit le jésuite partout,
　On voit le jésuite.

Sous les habits de Satan,
A la robe noire,
Il a lair d'un forban,
Avec son grimoire,
Son chapeau forme l'égoût,
Où le diable fait son ragoût;
On voit le jésuite partout,
　On voit le jésuite.

Il est faux, dissimulé,
Rempli de malices,
Pour le mal il est zélé,
Cherche les injustices,
L'or pour lui est son atout,
Il en fait un passe-debout;
On voit le jésuite partout,
　On voit le jésuite.

MIRABEAU

Air à faire.

Bravant la fureur des combats,
D'un cœur ardent et plein de zèle,
Mirabeau était le modèle;
Des guerriers guidant nos soldats,
Mais hélas! sa tête ardente,
Suscita sur lui le poison,
Aimé d'une sensible amante,
Expira ses torts en prison.

L'éclair brille et l'orage
Grave sur son tombeau
Qui brisa l'esclave,
Le divin Mirabeau.

Si Dieu m'envoie en paradis,
Disait-il, pour bonheur extrême,
D'y voir la beauté que j'aime,
Et le cercle de mes amis.
Eloigné de ma fiancée,
Dont l'amour tissa les malheurs,
Que mon âme toujours bercée,
Par l'unisson de nos douleurs.
 L'éclair brille, etc.

Il nous donna de sages lois,
Brilla par sa mâle éloquence,
Créa la liberté en France,
Par cela même le frein des rois.
Par sa verve saine et profonde,
La vieille Europe il ébranla.
Il sut rajeunir le monde,
Comme Démosthène il nous parla.
 L'éclair brille, etc.

Mais lorsque vint son dernier jour,
Le peuple dont il était l'idole,
L'alla placer au capitole
Pour lui prouver tout son amour.
Mais, hélas! l'affreuse anarchie,
Ne respecte point cet autel,
Tombez, tombez, vile félonie,
Mirabeau s'élève immortel.
 L'éclair brille, etc.

IL ME FAUT UN POMPIER

Air du *Dieu des bonnes gens*.

Dans sa chambrette, gentille repasseuse,
De son fer chaud fait des plis et replis,
De son travail elle se trouve amoureuse,
Puis elle admire ses parfaits glacis,
Une chaleur concentrée s'accumule,
Tout aussitôt elle ôte son tablier,
Alors elle crie : c'est ma chemise qui brûle,
    Il me faut un pompier.   (*bis*).

La grande dame pour aller à la fête,
Etale enfin tous ces brillants atours.
Elle est jolie, elle fera sa coquette,
Elle trônera en reine des amours.
Près d'un bon feu consultant sa pendule,
Une étincelle éclate du braisier,
Alors elle crie c'est : ma chemise qui brûle,
    Il me faut un pompier.   (*bis*).

Du sacré-cœur c'est la sœur converse,
Qui pour Marie va préparer l'autel ;
A pleine main l'eau bénite elle verse,
Elle veut gagner son salut éternel.
Un feu divin dans son âme circule,
Son cœur ensuite devient extasié ;
Alors elle crie : c'est ma chemise qui brûle,
    Il me faut un pompier.   (*bis*).

Loin des brebis, cette jeune bergère,
Elle oublie tout pour sourire au berger,
Et mollement assise sur la fougère ;
Le chien veille pour ne rien déranger ;
Mais tout à coup arrive le crépuscule,
Voyant la nuit elle se met à crier :
Allez donc vite, c'est ma chemise qui brûle,
    Il me faut un pompier.   (*bis*).

Combien, hélas ! de chemises brûlantes,
Auraient besoin pour se faire rafraîchir,
D'un bon pompier ; les paroles consolentes
Ne peuvent suffire, il a besoin d'agir.
En travaillant sans cesse il gesticule,
Avec courage, il fait bien son métier.
Oui, pour éteindre la vraie chemise qui brûle,
    Il faut un vrai pompier.   (*bis*).

LA NOCE DU FRÈRE FOUETTARD

AVEC LA SŒUR GRILLEUSE

Air de la *Barque à Caron*.

On nous dit que le frère Fouettard
Et la sœur Grilleuse,
Vont contracter sans retard
Une chaîne heureuse,
Grande rumeur ; en voyant ce cas,
Vont accourir les grands prélats.
Ce sera une noce comme on n'en voit pas.

Le grand légat sur son cheval,
Le pape sur sa mule ;
Et des jésuites, le général
Chantera la formule.
Et ensuite viendront les galas,
Chacun prendra un bon repas.
Ce sera une noce comme on n'en voit pas.

Les orties feront les violons,
Les verges les basses ;
Les filles et les petits garçons,
Feront des grimaces,
Et dans tous ces galimatias,
On poussera plus d'un hélas !
Ce sera une noce comme on n'en voit pas.

De l'univers tout va venir,
Les sœurs grille-fesses
Tous les bons frères vont accourir,
Remplis de tendresse,
La grilleuse promenant ses appas,
Fouettard lui emboîtera le pas;
Ce sera une noce comme on n'en voit pas.

Oui, la gente cléricale,
Fera du tapage,
On fera un nouveau scandale,
Pour ce mariage,
On laissera parler les Judas ;
Chacun fera son saint Thomas,
Ce sera une noce comme on n'en voit pas.

On invitera les écorcheurs
De nos femmes enceintes,
On fêtera tous ces farceurs,
Qu'ils inspirent des craintes,
Les dévotes porteront falbalas,
Et les dévots de faux rabats.
Ce sera une noce comme on n'en voit pas.

Mais au retour de ce banquet,
L'orage qui gronde,
Fait disparaître le bouquet
De tout ce faux monde;
Ils porteront après ce fracas
Chacun les oreilles de Midas.
Ce sera une noce comme on n'en voit pas.

LES MAIRES

Air : *Par un beau jour qu'il tombait de l'eau.*

Notre maire nous pouvons choisir,
Cela me fait un grand plaisir ;
Ne visons pas à la richesse.
Prenons la sagesse,

Cela nous intéresse.
Courbez-vous, princes et gros prélats,
Devant ces petits magistrats.

Ce qui fait leur force, leur grandeur,
C'est qu'ils sont magistrats d'honneur,
Mais vous qui gouvernez la France,
Faites donc abstinence
De titres et de finance.
Courbez-vous, princes, etc.

Messieurs les maires unissez-vous,
Et l'avenir revient à nous ;
Faites donc un peuple qui respire
Sans royaume ni empire,
Ou la loi pourrait dire :
Courbez-vous, princes, etc.

Plusieurs ne savent ni A ni B,
Ils prennent l'instituteur Béb,
Avec ce simple secrétaire,
Ils font notre affaire
Sans chassepots ni colère.
Courbez-vous, princes, etc.

Que le contribuable enfin,
Puisse manger son pain ;
Ne lui prend pas son salaire,
Cela est arbitraire.
Consultez donc le maire.
Courbez-vous, princes, etc.

Maires croyez bien, c'est l'union
Qui seule peut sauver la nation.
Faites payer les grosses têtes
Qui ont fait toutes nos dettes
Et vendu nos conquêtes.
Courbez-vous, princes, etc.

LES SÉRAILS DE L'EMPIRE

Air d'*Aristipe*.

Regardez donc, ces modes benoîtonnes
Que toutes ces femmes affichent sans pudeur ;
Ce sont des duchesses, aussi des baronnes;
Ce sont des laurettes, femmes d'un empereur,
Ces êtres sans cœur, il faut bien le dire,
Ont corrompu le petit et le grand.
Tombez, tombez, sérails de l'empire,
Vous faites honte à ceux de l'Orient.

L'Espagne en feu, un jour dans sa colère,
Lança sur nous sa nouvelle Aspasie,
Ange déchu à la figure altière,
Faux diadème couvert d'ignominie,
De tous nos maux, celui-là est le pire,
Que nous légua le triste Vatican.
Tombez, tombez, etc.

Que vois-je enfin sur la dalle tumulaire,
Des cœurs en feu se livrant aux plaisirs,
Au sein des cloîtres et sur la froide pierre,
Les filles de Dieu poussent des soupirs.
Cœurs ulcérés, cachez votre délire,
Voile léger, cache mal le couvent.
Tombez, tombez, etc.

A la campagne et aussi à la ville,
Tout suit, hélas ! le fluide corrupteur,
Il est poignant de voir la jeune fille
Vendre son âme à un vil séducteur.
Oh ! mère, tu ne peux plus sourire,
Ton cœur se brise, hélas! pour ton enfant.
Tombez, tombez, etc.

Et vous, enfin, qui gouvernez la France,
Regardez tous ces êtres sans cœur ;

Vous y verrez une affreuse licence,
Dans tous les rangs s'infiltre le malheur.
Vous y verrez que le soufle qu'on respire,
Est corrompu dans tout son élément.
Tombez, tombez, etc.

Pendant vingt ans la corruption funeste,
Porta le trouble partout dans nos foyers.
Oui, de l'empire, voilà ce qui nous reste,
Et l'on donna notre or aux étrangers.
Bientôt, le jour auquel mon cœur aspire
Mettra le terme à cet égarement.
Tombez, tombez, etc.

LES DEUX VINS

Air: *Dans un grenier qu'on est bien à vingt ans* (BÉRANGER).

Bons vignerons qui travaillez sans cesse,
Vous cultivez la vigne avec raison,
En aspirant toujours à la richesse;
Mais ne gâtez jamais ce qui fut bon.
Gardez intacte la liqueur maligne,
Dans toute affaire et partout soyez franc,
Livrez donc pur le produit de la vigne,
Ne mêlez pas le rouge avec le blanc.

N'imitez pas cette eau qui fut naguère
Si renommée comme nectar de Dieu,
Donnant la vie et la santé prospère,
Qu'on surnommait alors l'eau de feu.
Mais trois six se mariant avec elle,
Perdit sa gloire, perdit aussi son rang.
En tout pays on la trouve infidèle,
Ne mêlez pas le rouge avec le blanc.

Ne suivez pas cette méthode impie
Où le trafic cause le déshonneur.
Le commerçant vous conjure et vous prie,
Vendez donc pur et toujours le meilleur.

Qu'on puisse dire: les vignerons sont braves,
Le vin est clair, le buveur est content.
Vidons, vidons, le contenu de vos caves,
Ne mêlez pas le rouge avec le blanc.

En politique souvent couleur varie,
Le blanc, le rouge et même plus encore,
Chacun voudrait diriger la patrie,
L'on veut enfin l'étendard tricolore.
Alors je ris, je me dis, je préfère
Pour ma couleur, je prends le frontignan.
Ce vin est jaune, aux beautés il sait plaire.
Ne mêlez pas le rouge avec le blanc.

Henry FRIMAT.

TABLE

	Pages
Jadis et aujourd'hui.	3
L'enfer et le paradis.	5
Le Vésuve.	6
La corde au cou.	7
Monsieur Termite	9
Le vieux Jupiter.	11
Le séjour des Dieux.	12
Les paroles d'un croyant	13
Les jésuites.	15
Avant vingt ans	17
Les faux bons hommes.	18
Les faux conservateurs.	20
J'ai vu le bon Dieu.	21
Le jésuite partout	23
Mirabeau	24
Il me faut un pompier.	26
La noce du frère Fouettard	27
Les maires.	28
Les sérails de l'empire.	30
Les deux vins.	31

www.ingramcontent.com/pod-product-compliance
Lightning Source LLC
Chambersburg PA
CBHW060906050426
42453CB00010B/1582